Important Note

Special English is a very easy-to-read vocabulary of about 1,500 basic English words. This is especially helpful to young readers and for those who speak English as a second language.

There are times when words must be used which are not in the group of words that makes up Special English. The meaning of these words is given in the glossary at the back of this book. When these words are used they have a special marking like this: sword^{G}. When you see a word marked with a "^{G}" like this, look in the glossary for the meaning.

Is God Really My Father?

In Special English

¿Es Dios Realmente mi Padre?

Versión original En Inglés Especial

By Dr. Connie Palm
Translated by Oscar H. Calderón

Por Connie Palm, Doctora en Educación
Versión española: Por Oscar H. Calderón

Gospel Publishing Mission
P.O. Box 1065 ~ Hobe Sound, FL 33475
www.gospelpublishingmission.org
A ministry of Hope International Missions

Published by Gospel Publishing Mission, a ministry of
Hope International Missions
Written by Dr. Connie Palm with editorial assistance from: Dr. and Mrs. Ralph Woodworth, Joseph Taylor, G.R. French, Joy Budensiek, Dr. and Mrs. Ignacio Palacios, Sena Theall, Mary Churchill and Juanita G. Taylor. Spanish text translated by Oscar H. Calderón.
Illustrated by Richard & Francis Hook, except pages 9 & 12 by Philip Barr.
Layout and cover design by Robert Scott/Clear Graphics

Is God Really My Father? in Special English/Spanish (Bilingual Version)

Publicado por Misión Publicando el Evangelio, un ministerio de
Hope International Missions
Escrito por la Doctora Connie Palm con asistencia editorial de: Dr.Ralph Woodworth y Sra., Sr. Joseph Taylor, Sr. G.R. French, Sra. Joy Budensiek, Dr. Ignacio Palacios y Sra, Sra. Sena Theall, Sra. Mary Churchill, y Sra. Juanita G. Taylor.
Ilustrado por Richard y Francis Hook, excepto páginas 9 y 12 por Philip Barr.
Diseño gráfico y diseño de tapa por Robert Scott-Clear Graphics

¿**E**s **D**ios **R**ealmente mi **P**adre? Versión española: Oscar H. Calderón

Contents

Contenido

Heaven

God has a home for us. 1 Corinthians 2:9

There is a place called heaven. Heaven is God's home. He wants it to be your home also. Let me tell you about this place.

Heaven is peaceful. In heaven, people do not argue or fight. They do not hurt each other with words. No one steals your things. No one lies about you.

Heaven is full of joy and happiness. Smiles and laughter are everywhere. It never gets dark in heaven. No one has a hurting heart. No one is hopeless, or sad, without food or friends.

Here are some things you never hear in heaven:
"You do not belong."
"You are not good enough."
"I hate you."

Here are some things you do hear in heaven:
"I love you."
"You are family."
"You are accepted just as you are."

In heaven there is no crying alone at night. There is no

El Cielo

Dios tiene un hogar para nosotros. I Corintios 2:9

Hay un lugar llamado cielo. El cielo es el hogar de Dios. Él quiere que sea tu hogar también. Permíteme hablarte acerca de este lugar.

El cielo está lleno de paz. En el cielo, la gente no discute o pelea. No se lastiman con palabras. Nadie roba las cosas tuyas. Nadie dice mentiras.

El cielo está lleno de gozo y felicidad. Sonrisas y risa están por todos lados. Nunca se oscurece en el cielo. Nadie tiene dolor en su corazón. Nadie está sin esperanza o triste, sin comida o amigos.

En el cielo nunca oirás que digan:
"Tú no perteneces aquí."
"Tú no eres lo suficientemente bueno."
"Te odio."

Pero sí oirás expresiones como:
"Te amo."
"Tú eres familia."
"Eres aceptado tal como estás."

En el cielo no se encuentra a nadie solo y llorando

crying because you failed or are afraid. God takes away all your tears.

Are you ever sick? In heaven, all sickness and pain are gone. No one dies. You can be in this safe, happy place forever.

There are beautiful living spaces in heaven. You will not be lonely! There are people from all over the world. There are people who speak every language. There are people from every race and of every color.

This home is made by God, our Heavenly Father; and Jesus, His Son; and the Holy Spirit, Who is our Guide. These three are called the Trinity. Trinity means the Three-in-One God: Father, Son and Holy Spirit.

Heaven is made for every child of God. Are you God's child?

If you say, "No" or "I don't know" please go on reading. This book explains how you can become God's child. It explains how you can live in heaven forever when you leave this world.

en la noche. No hay llanto porque uno ha faltado o tiene miedo. Dios quita todas las lágrimas.

¿Te sientes enfermo a veces? En el cielo no encontrarás enfermedades, ni dolor. Nadie muere. Tú puedes ir y estar en este lugar seguro y feliz para siempre.

En el cielo hay moradas hermosas. No te sentirás solo. Hay gente de todo el mundo que habla toda clase de lengua. Hay gente de toda raza y color.

Este hogar es hecho por Dios, nuestro Padre Celestial, Jesús, su Hijo, y el Espíritu Santo, nuestro Guía. Estos tres son llamados la Trinidad. Trinidad significa el Dios trino y uno: Padre, Hijo y Espíritu Santo.

El cielo está hecho para todos los hijos de Dios. ¿Eres tú un hijo de Dios?

Si tú dices: "No", o "No sé", por favor continúa leyendo. Este libro explica cómo tú puedes llegar a ser hijo de Dios. Además, explica cómo tú puedes vivir en el cielo para siempre cuando salgas de este mundo.

Angels, Good and Bad

We have an enemy.

Genesis 3, Jude 6, Isaiah 14:12

God is not alone in heaven. Long, long ago, longer ago than you can imagine, God created angels[G] to be with Him. Angels are God's helpers. Angels kneel down to worship God. They listen to God and obey Him.

Angels are not like people. Angels are beings who do not have bodies. But they are able to do their work by using a body when they need to. Angels have great power but they do not have as much power as God has.

When angels were created they had no sin. They were beautiful. The most beautiful of all the angels was one named Lucifer. The name "Lucifer" means "the morning star–the one who carries light."

When Lucifer was created, he was not only perfect in beauty but also full of wisdom. God gave Lucifer a high position. He was the head leader over many angels.

Lucifer's great beauty made him proud. This sin of pride came from inside himself.

Lucifer began to think, "I am very wise. Perhaps I am as wise as God. I have power. Many angels do as I say. Perhaps my power is as great as God's power. My beauty is great. Perhaps I can have anything I want."

Ángeles, Buenos y Malos

Tenemos un enemigo.

Génesis 3, Judas 6, Isaías 14:12

Dios no está solo en el cielo. Hace mucho tiempo, mucho antes que te puedas imaginar, Dios creó a los ángeles para que estuvieran con él. Los ángeles son ayudantes de Dios. Los ángeles se arrodillan delante de Dios y le adoran. Ellos escuchan a Dios y le obedecen.

Los ángeles no son como los hombres. Ángeles son seres que no tienen cuerpos. Pero pueden hacer su trabajo tomando un cuerpo cuando lo necesitan. Los ángeles son poderosos, pero no tan poderosos como Dios.

Cuando los ángeles fueron creados no tenían pecado. Eran hermosos. El más hermoso de todos los ángeles era uno llamado Lucifer. El nombre "Lucifer" significa: "la estrella de la mañana-o el que lleva luz".

Cuando Lucifer fue creado, él no solamente era perfecto en belleza, sino también lleno de sabiduría. Dios dio a Lucifer una posición muy alta. Él era el líder de muchos ángeles.

Lucifer se sintió muy orgulloso por su belleza. Este pecado de orgullo salió de adentro de él mismo.

Lucifer empezó a pensar, "Yo soy muy sabio. Quizá yo soy tan sabio como Dios. Tengo poder. Muchos ángeles

What Lucifer wanted was to be like God. He wanted to be Number One. He wanted to sit in God's place. Little by little, Lucifer talked to other angels. "Come, join me. I will be like God. If you follow me, you will not be sorry. You will have great gain." About one-third of the angels joined Lucifer. They rebelled against God.

And so there was war in heaven. The good angels, who obeyed and worshiped God, fought with the bad angels, who followed Lucifer. Lucifer lost the battle. He and all the angels who followed him were thrown out of heaven.

To punish Lucifer and the bad angels, God made a special place called "hell." Hell is the opposite of heaven. It is the place of terrible punishment and death that never ends.

Lucifer's name was changed. Now he is called Satan or the devil. From that day until now, Satan has been the enemy of God.

Good angels still obey and worship God.

hacen lo que yo les digo. Quizá mi poder es tan grande como el poder de Dios. Soy muy hermoso. Quizá puedo tener cualquier cosa que quiera."

Lo que Lucifer quería era ser como Dios. Quería ser número uno. Quería sentarse en el trono de Dios. Poquito a poco, Lucifer habló con otros ángeles. "Vengan, únanse conmigo. Yo seré como Dios. Si me siguen, no se arrepentirán. Su ganancia será grande." Alrededor de una tercera parte de los ángeles se unieron con Lucifer, y se rebelaron contra Dios.

Y asi fue que, hubo guerra en el cielo. Los ángeles buenos, que obedecían y adoraban a Dios, pelearon con los ángeles malos que siguieron a Lucifer. Lucifer perdió la batalla. Él y los ángeles que le siguieron fueron echados del cielo.

Para castigar a Lucifer y a los ángeles malos, Dios hizo un lugar especial llamado "infierno." El infierno es lo opuesto del cielo. Es un lugar terrible de castigo y de muerte que nunca termina.

Su nombre Lucifer fue cambiado. Ahora es llamado Satanás o el diablo. Desde ese día hasta hoy, Satanás ha sido enemigo de Dios.

Los ángeles buenos todavía obedecen a Dios y le adoran.

Creation

God's first plan begins. He made us to be His friends. Genesis 1&2

God has no birthday. He has always existed. In the beginning there was no world at all. There was no light. God decided to make the heavens and the earth. God spoke and all was created.

God said, "Let there be light!" and there was light. He spoke and the sky, land and sea were made. God had only to speak and trees and plants came out of the earth. He spoke, and the sun, moon and stars came into being. God spoke, and fish filled the oceans and rivers. The brightly colored birds filled the sky. God spoke and the animals, large and small, were created.

"Now," God said , "I will create the best of all. I will make a man. Man will be very different from all the animals. I will make him a little like myself. He will be able to love. He will be able to think and speak. He will be able to choose for himself what he will do and he will be responsible for the choices he makes. I have a special purpose for man. I want him to love Me and talk to Me and be My son."

So God took some earth and made it into the shape of a man. God gave this shape His own breath. Man became a living person with a soul. This soul is the part of man that

La Creación

El primer plan de Dios comienza. Él nos hizo a nosotros para ser sus amigos. Génesis 1 y 2.

Dios no tiene un cumpleaños. El siempre ha existido. En el principio no había mundo. No había luz. Dios decidió hacer el cielo y la tierra. Dios habló y todo fue creado.

Dios dijo: "¡Sea la luz!" y fue la luz. El habló, y el cielo, tierra y mar fueron hechos. Dios sólo habló, y los árboles y las plantas brotaron de la tierra. El habló, y el sol, luna y estrellas aparecieron en el cielo. Dios habló, y el océano y los ríos se llenaron de peces. El aire se llenó de aves de brillantes colores. Dios habló, y los animales grandes y pequeños fueron creados.

"Ahora", dijo Dios, "Crearé lo mejor de todo. Voy a hacer un hombre. El hombre será muy diferente de todos los animales. Voy a hacerlo un poco parecido a mí. Él será capaz de amar. Él podrá pensar y hablar. Él tendrá la capacidad de escoger por sí mismo lo que hará, y será responsable por lo que escoge. Tengo un propósito especial para el hombre. Quiero que me ame y hable conmigo, y que sea mi hijo.

Así Dios tomando tierra formó al hombre. Luego Dios sopló en esta forma su propio aliento. Y el hombre llegó a ser una persona viviente con un alma. El alma es la parte del hombre que vive para siempre. Dios llamó al hombre

lives forever. God called the man "Adam."

God saw that it was not good for Adam to be alone. God said, "I will make someone to help him." While Adam was sleeping, God removed a bone from Adam's side and made a beautiful woman from it. Adam called her "Eve."

God wanted Adam to have a place to live, so He planted a beautiful garden called Eden. It had many trees, plants and flowers.

Adam and Eve, son and daughter of God, were very happy. In the beautiful place God had made for them, they had everything they needed. The best time of every day was when they talked to God.

God made only one rule. Adam and Eve were to show their love for God by always obeying this rule. God looked at all He had created and said, "It is good."

But...something happened.

"Adán."

Y vio Dios que no era bueno que Adán estuviera solo. Dijo Dios, "Voy a hacer a alguien que le ayude." Mientras Adán estaba durmiendo, Dios sacó una costilla de Adán, y de la costilla hizo una mujer hermosa. Adán la llamó "Eva."

Dios quería que Adán tuviera un lugar donde vivir, así que plantó un jardín hermoso llamado Edén. Éste tenía muchos árboles, plantas y flores.

Adán y Eva, hijo e hija de Dios, estaban muy felices. En el lugar hermoso que Dios les había preparado, tenían todo lo que necesitaban. El mejor tiempo del día era cuando hablaban con Dios.

Dios les dio solamente una regla. Adán y Eva debían mostrar su amor a Dios por obedecer esta regla siempre. Dios vio todo lo que había creado y dijo, "Es bueno."

Pero…algo sucedió.

Sin

Satan tries to stop God's plan.

God makes a special plan. Genesis 3

Adam and Eve enjoyed their beautiful garden home. They listened to the birds. They played with the animals. They smelled the flowers. They did not wear clothes because they were without shame. They talked with God every day.

God had said, "There is only one thing you must not do. You must not eat the fruit that grows on one tree. It is the tree in the center of the garden. It is the tree that gives the power to know Right and Wrong. If you do, everything will change and one day you will die. If you love Me, you must choose to obey."

God's enemy, Satan, wants to destroy everything God loves. One day Satan took the shape of a snake. He found Eve walking alone and said, "Did God really say you must not eat any of the fruit here?"

"No, God did not say that," said Eve. "We can eat every fruit except one. If we eat that one, we will die some day."

"That is not true," said Satan. "You will not die. No! You will become like God. See, the fruit is wonderful! Eat it!"

The fruit did look good. Why not eat just a little? Eve ate the fruit and ran to give some to Adam. He ate it. What a terrible choice they made!

El Pecado

Satanás trata de parar el plan de Dios.

Dios hace un plan especial. Génesis 3

Adán y Eva gozaban de su hermoso hogar en el jardín. Ellos escuchaban a los pájaros. Jugaban con los animales. Ellos olían las flores. No llevaban ropa puesta porque no sentían vergüenza. Hablaban con Dios todos los días.

Dios había dicho, "Hay una sola cosa que no deben hacer. No deben comer del fruto de un árbol. Es el árbol en el centro del jardín. Es el árbol del conocimiento del bien y del mal. Si lo hacen, todo cambiará, y un día morirán. Si me aman, deben obedecerme."

El enemigo de Dios, Satanás, quiere destruir todo lo que Dios ama. Un día Satanás tomó la forma de una serpiente. Él encontró a Eva caminando sola y le dijo, "¿De veras te dijo Dios que no debes comer del fruto de ningún árbol aquí?"

"No, Dios no dijo eso," contestó Eva. "Podemos comer del fruto de todo árbol, excepto uno. Si comemos de ese, ciertamente moriremos algún día."

"Eso no es verdad", dijo Satanás. "Tú no morirás. ¡No! Tú serás como Dios. ¡Mira, el fruto es hermoso! Come."

El fruto parecía muy bueno. ¿Por qué no comer un poquito? Eva comió del fruto prohibido y fue a darle también a Adán. Él comió. ¡Qué terrible error cometieron!

Immediately they knew that they had sinned. They were ashamed that they were naked. They were afraid to talk to God.

Not obeying brought many bad things into the world: pain, sickness, hate and hurts of all kinds. For all time every child would be born with the desire to sin.

God's heart was broken. He loved Adam and Eve but they must be punished. He took the lives of animals and with their skins He made good clothes for Adam and Eve. This covering showed them that God would provide for them and protect them.

The clothes that were made when animals gave their life and their blood was a picture of what Jesus, God's Son, would do many, many years later. Jesus gave His life and His blood to make a covering for our sins. But we must believe that Jesus did that for us. We must repent and turn from our sins. If we will do that, we can have life forever in heaven.

Adam and Eve had to leave their beautiful home. God put angels[G] at the gate with a shining sword[G]. Adam and Eve could never go back.

Satan destroyed God's first plan. But God promised to send His Son. His Son would one day destroy Satan. So God began a new plan to find people who would love and obey Him. You are a part of this plan. God has a purpose for you!

Inmediatamente supieron que habían pecado. Estaban avergonzados de que estaban desnudos. Tenían temor de hablar con Dios.

Su desobediencia trajo muchas cosas malas al mundo: dolor, enfermedad, odio y perjuicios de toda clase. De ahora y para siempre todo niño nacería con el deseo de pecar.

El corazón de Dios estaba quebrantado. Él amaba a Adán y Eva, pero ellos debían ser castigados. Él tomó la vida de animales y con sus pieles les hizo túnicas para que se cubrieran. Estos vestidos les mostraban que Dios proveería para ellos y los protegería.

Las túnicas que fueron hechas cuando algunos corderos dieron sus vidas y su sangre eran un cuadro de lo que Jesús, el Hijo de Dios, haría muchos años más tarde. Jesús dio su vida y su sangre para hacer algo que cubriera nuestros pecados. Pero nosotros debemos creer que Jesús hizo eso por nosotros. Debemos arrepentirnos y apartarnos de nuestros pecados. Si hacemos eso, podemos tener vida eterna en el cielo.

Adán y Eva tuvieron que salir de su hogar hermoso. Dios puso ángeles a la puerta con una espada brillante. Adán y Eva nunca podrían regresar.

Satanás destruyó el primer plan de Dios. Pero Dios prometió enviar a su Hijo. Su Hijo, un día, destruiría a Satanás. Así que Dios empezó un nuevo plan para encontrar gente que le amaría y le obedecería. Tú eres parte de este plan. ¡Dios tiene un propósito para ti!

The Huge Boat

God has made a safe place for all who obey Him.
Genesis 6-9

As time went on, more and more people lived in the world but they all forgot God. People became evil, selfish[G] and cruel.

Wait! There was one man named Noah. Noah and his family were the only ones who loved and obeyed God.

"I need your help," Noah said to his three sons. "God has told me to build a huge boat. It must be big enough to carry a male and female of every kind of animal."

"That would be a very big boat! Why must you build it?" asked Noah's sons.

"God has told me that He will send a flood to destroy the world and all the people in it because they are so evil. I believe what God says. Will you help me?"

"Yes, Father, we will help."

Noah and his sons started to work. People came to watch. "Noah, you are a fool," they said. "There has never been a flood. How will this huge boat float?"

Year after year, as Noah worked, he told the people to repent. Punishment was coming. All would be destroyed. No one believed him.

One day everything was ready. The animals were all

La Gran Barca

Dios ha hecho un lugar seguro para todos los que le obedecen. Génesis 6-9

Con el pasar del tiempo, más y más gente vivía en el mundo, pero todos se olvidaron de Dios. La gente se volvió mala, egoísta[G] y cruel.

¡Un momento! Había un hombre llamado Noé. Noé y su familia eran los únicos que amaban y obedecían a Dios. "Necesito su ayuda", dijo Noé a sus tres hijos. "Dios me ha dicho que construya una nave grande. Debe ser suficientemente grande para llevar un macho y una hembra de toda clase de animales."

¡Esa sería una nave muy grande! ¿Por qué debes construirla? Preguntaron a Noé sus hijos.

"Dios me ha dicho que mandará un diluvio para destruir al mundo y a toda la gente, porque son tan malos. Yo creo lo que Dios dice. ¿Me ayudarán ustedes?

"Sí, Padre, te ayudaremos."

Noé y sus hijos empezaron a trabajar. La gente vino para mirar. "Noé, tú eres un tonto," le decían. "Nunca ha habido un diluvio. ¿Cómo va a flotar esta nave?

Año tras año, mientras Noé trabajaba, él advertía a la gente que se arrepintieran. Viene un castigo. Todos serán destruidos. Nadie le creyó.

in the boat. Noah and his family went inside. God shut the door. Then the rain came. Water poured from the sky. Now the people believed Noah. They begged to be let inside, but it was too late.

It rained forty days and nights. Noah said to his family, "Outside there are death and danger. The people are punished for their sins and unbelief. We are safe in the boat. Because we believe what He says, God will not punish us."

After many months the huge boat came to rest on a mountain. Noah and his family came out into a fresh, washed world. They gave thanks to God.

"Look, Father, what is that beautiful thing in the sky? It is made of bright, happy colors." It was a rainbow[G].

God made a promise, "Never again will I send a flood to destroy the world. When you see a rainbow, remember My promise."

Today God tells us, "If you believe what I say and love and obey Me, you will be in a safe place. I will watch over you and bring you to your home in heaven."

Un día todo estaba listo. Los animales estaban todos en la barca. Noé y su familia también entraron. Dios cerró la puerta. Luego vino la lluvia. Aguaceros caían del cielo. Ahora la gente creía a Noé. Le rogaron que los dejara entrar, pero era muy tarde.

Llovió durante cuarenta días y cuarenta noches. Noé dijo a su familia: "Afuera hay peligro y muerte. La gente es castigada por sus pecados y su incredulidad. Nosotros estamos a salvo en la barca. Porque nosotros creemos lo que él dice, Dios no nos castigará."

Después de muchos meses la gran barca se asentó en una montaña. Noé y su familia salieron a un mundo nuevo y limpio. Ellos dieron gracias a Dios.

"Mira, padre, ¿Qué es esa cosa hermosa en el cielo? Está hecha de colores brillantes." Era un arco iris.

Dios hizo una promesa. "Nunca jamás volveré a mandar un diluvio para destruir al mundo. Cuando vean un arco iris, recuerden mi promesa."

Hoy Dios nos dice, "Si creen lo que digo, y me aman y obedecen, estarán en un lugar seguro. Yo voy a cuidarlos y llevarlos a su hogar en el cielo."

God's Plan

The blood on the door is a picture of God's best plan.
Exodus 11-12

Years and years and years went by. Many wonderful things happened.

God called Abraham to be the father of a nation of people. God explained His plan to Abraham. God said, "I will teach the people of this nation to love and serve Me. One day My Son, Jesus, will be born into this nation. Jesus will make a way for everyone in the world to have eternal life. Everyone has sinned. The punishment for sin is death. Without the giving of blood, sin cannot be forgiven. The blood of animals is not good enough. Every sinner should be punished for his own sins. But Jesus will take the place of all sinners and will die in their place. If any sinner is sorry for his sin and trusts that Jesus died in his place, he will be saved from never-ending death and will have never-ending life."

Little by little, God's wonderful plan began to happen just as He said it would. God gave Abraham a son named Isaac. Isaac's son was Jacob. Jacob had a son named Joseph. Joseph was sold to be a slave in Egypt. God was with Joseph and he became a ruler in Egypt.

The people of God grew and grew in number. After

El Plan de Dios

La sangre sobre el marco de la puerta es un cuadro del mejor plan de Dios. Éxodo 11-12

Años, tras años, tras años, pasaron. Muchas cosas maravillosas sucedieron.

Dios llamó a Abraham para ser el padre de una nación. Dios explicó su plan a Abraham. Dios dijo: "Yo voy a enseñar a la gente de esta nación a amarme y servirme. Un día mi Hijo, Jesús, va a nacer en esta nación. Jesús va a abrir un camino para que todos en el mundo puedan tener vida eterna. Todos han pecado. El castigo por el pecado es muerte. Sin derramamiento de sangre, el pecado no puede ser perdonado. La sangre de animales no basta. Cada pecador debería ser castigado por su propio pecado. Pero Jesús tomará el lugar de todos los pecadores y morirá en su lugar. Si un pecador se arrepiente de su pecado y confía que Jesús murió en su lugar, será salvo de la muerte eterna y tendrá vida eterna."

Poco a poco, el plan de Dios empezó a desarrollarse, tal como él había dicho que sería. Dios dio a Abraham un hijo llamado Isaac. El hijo de Isaac fue Jacob. Jacob tuvo un hijo llamado José. José fue vendido como un esclavo en Egipto. Dios estaba con José y llegó a ser gobernador de Egipto.

El pueblo de Dios crecía y crecía en número. Después de la muerte de José el número seguía aumentando. Los

Joseph died, that number continued to grow. The Egyptians were afraid of God's people and made them slaves.

God spoke to a man named Moses and said, "Moses you must take My people out of Egypt to a land I promise to give them."

The king refused to let them go. God caused nine terrible things to happen to Egypt. The king still said, "No!"

Then Moses said to the king, "Tonight God will pass over this land. The first-born person in every family will die."

Moses told God's people what would happen. Then he said, "Take a perfect lamb[G] and kill it. Put its blood on top of your door and on each side of the door. When God sees the blood, He will pass by and you will be safe." God's people obeyed and no harm came to them. But in the houses of Egypt every first-born was dead.

This was called the Passover. After the Passover, the king said to Moses, "Go! Do not come back!" Moses and God's people started the long trip to their new land. And what a trip they had!

The meaning of Passover became clear when Jesus came into the world. Jesus, the perfect Lamb of God, gave His blood for us. Ask Him to cover your sins with His blood. Then you will receive mercy from God. You will escape the punishment of never-ending death.

egipcios tenían temor del pueblo de Dios, y por eso los hicieron sus esclavos.

Dios habló a un hombre llamado Moisés y le dijo: "Moisés, tú debes sacar a mi pueblo de Egipto y llevarlos a la tierra prometida."

El rey rehusó dejarlos ir. Dios causó que nueve plagas terribles vinieran a Egipto. El rey todavía decía, ¡No!

Entonces Moisés dijo al rey: "Esta noche Dios pasará por esta tierra. El primogénito de cada familia morirá."

Moisés advirtió al pueblo de Dios lo que pasaría. Luego dijo, "Tomen un cordero[G] perfecto y mátenlo. Pongan la sangre del cordero sobre el dintel y en los postes del marco de la puerta. Cuando Dios vea la sangre, pasará de ustedes y estarán a salvo." La gente del pueblo de Dios obedeció y nada les pasó. Pero en las casas de los egipcios todos los primogénitos estaban muertos.

Esto fue llamado la pascua. Después de la pascua, el rey dijo a Moisés, "¡Salgan! ¡Y no regresen!" Moisés y el pueblo de Dios emprendieron el largo viaje a su nueva tierra. ¡Y qué viaje fue!

El significado de la pascua fue aclarado cuando Jesús vino al mundo. Jesús, el perfecto Cordero de Dios, dio su sangre por nosotros. Suplícale que cubra tus pecados con su sangre. Entonces recibirás misericordia de Dios, y escaparás el castigo de la muerte eterna.

Ten Good Rules

God shows you how to live "inside" and "outside" so you will "fit" in heaven. Exodus 20

Moses and God's people traveled toward their new land. They came to the Red Sea. They did not know that the King of Egypt had changed his mind. He sent his army to bring God's people back to Egypt.

God's people said, "Look! There comes the army behind us! Look! There is the Red Sea in front of us! What will we do?"

God said, "I will rescue you!" God opened a path through the Red Sea. His people walked across on dry ground. When the army of Egypt followed, God made the water close on them and they drowned.

God went with His people. When they were thirsty, God gave them water. When they were hungry, God gave them food.

Three months went by. God's people came to a mountain called Sinai. God said to Moses, "Now it is time to give My people some rules to live by. These rules will help them love Me and will help them live together. If My people will obey My voice and keep My rules, I will lead them and take care of them."

Moses went up the mountain. The people heard thun-

Diez Reglas Buenas

Dios te muestra cómo vivir, por dentro, y por fuera, para que seas aceptado en el cielo. Éxodo 20

Moisés y el pueblo de Dios viajaban hacia su nueva tierra. De pronto llegaron al Mar Rojo. Ellos no sabían que el rey de Egipto había cambiado de opinión. Él mandó a su ejército para que hicieran regresar al pueblo de Dios a Egipto.

La gente del pueblo de Dios dijo: "¡Miren! Allí viene el ejército siguiéndonos. En frente de nosotros está el Mar Rojo. ¿Qué vamos a hacer?"

Dios dijo, "¡Yo voy a librarlos!" Dios abrió un camino por en medio del Mar Rojo. Su pueblo atravesó en tierra seca. Cuando el ejército de Egipto los siguió, Dios hizo que las aguas se juntaran sobre ellos y se ahogaron.

Dios iba con su pueblo. Cuando tuvieron sed, Dios les proveyó agua. Cuando tuvieron hambre, Dios les dio alimentos.

Tres meses pasaron. El pueblo de Dios llegó al pie de un monte llamado Sinaí. Dios dijo a Moisés, "Ahora es el tiempo de dar a mi pueblo unas reglas para guiar sus vidas. Estas reglas les ayudarán a que me amen y a que vivan juntos en armonía. Si mi pueblo obedece mis palabras y guarda mis mandamientos, Yo los guiaré y los cuidaré."

Moisés subió al monte. La gente oía truenos[G] y veía

der[G]. They saw lightning. God gave Moses two flat pieces of stone. The Ten Rules were written on the stones. God wrote with His finger and here is what He wrote:

1. Worship Me only. Do not worship anyone or anything else.
2. Do not make any idol[G], or picture or image to worship.
3. My name is holy. Speak My name with respect[G].
4. Do your work in six days. Keep day number seven for Me.
5. Honor your father and mother.
6. Do not murder.
7. Do not break the promises you make when you marry.
8. Do not steal.
9. Do not lie.
10. Do not let your heart desire anything that belongs to another person.

Moses came down from the mountain. He carried the words of God written on the stones. He saw that the people were frightened. "Do not be afraid," he said. "God gave you these rules because He loves you. He wants you to know how to please Him and be happy in this life and in heaven."

The people said, "We will do what God says." Do you think they kept this promise?

relámpagos. Dios dio a Moisés dos tablas de piedra. Los diez mandamientos estaban escritos en las tablas de piedra. Dios las escribió con su dedo, y esto es lo que escribió:

1. Adórame a mí solamente. No adores a nadie más, o a alguna cosa más.
2. No harás ningún ídolo[G], o pintura, o imagen para adorar.
3. Mi nombre es santo. Habla mi nombre con respeto[G].
4. Has tu trabajo en seis días. Guarda el día séptimo para mí.
5. Honra a tu padre y a tu madre.
6. No matarás.
7. No quebrantes las promesas del matrimonio.
8. No robarás.
9. No mentirás. No hablarás contra tu prójimo falso testimonio.
10. No permitas que tu corazón desee lo que es de otra persona.

Moisés bajó del monte. El traía las palabras de Dios escritas en las tablas. El vio que la gente tenía temor. "No tengan temor," les dijo. "Dios les dio estos mandamientos porque él les ama. El quiere que ustedes sepan cómo agradarle y vivir felices aquí en esta vida y en el cielo."

La gente dijo, "Haremos lo que Dios dice." ¿Creen ustedes que la gente cumplió su promesa?

The Fierce Snakes

You must believe Jesus exists and that He died for you. Numbers 21:4-9

God's people traveled in the desert on their way to the land God had promised them. They were hot, tired and unhappy. Their feet hurt. They did not like the food. They spoke against God. They spoke against Moses. They said, "This trip is so difficult! We wish we were back in Egypt!"

God was very angry. He sent fierce snakes into their camp[G]. The snakes were all over the place. They bit many of the people. People were dying. The people knew they had sinned. They went to Moses for help. "Moses, please pray for us. Ask God to take away these terrible snakes."

Moses prayed. God did not take away the snakes, but He told Moses what to do. God said, "I will give you a cure for the bite of the snake. Make a snake out of metal and put it on a very high pole[G]. Put the snake where every person can see it. Look and live! If anyone will look and will have faith in God's cure for his sin, that person will not die." Moses might have thought that was an unusual way to solve the problem, but he obeyed God.

Some of the people who had been bitten did not want to believe that this would work. Let us listen to their excuses.

Las Serpientes Ardientes

Tú debes creer que Jesús existe y que murió por ti. Números 21:4-9

El pueblo de Dios viajaba por el desierto en camino a la tierra que Dios les había prometido. Tenían mucho calor y estaban cansados e insatisfechos. Les dolían los pies. No les gustaba la comida. Hablaron contra Dios y contra Moisés. Ellos dijeron, "¡Este viaje es tan difícil! ¡Ojalá mejor estuviéramos en Egipto!"

Dios estaba muy enojado. El envió serpientes ardientes entre el campamento[G]. Las serpientes estaban por todos lados. Mordieron a muchos de la gente. La gente estaba muriendo. La gente sabía que habían pecado. Buscaron a Moisés para que les ayudara. "Moisés por favor ora por nosotros. Suplica a Dios que quite estas terribles serpientes."

Moisés oró. Dios no quitó las serpientes, pero le dijo a Moisés qué es lo que debía hacer. Dios le dijo: "Te daré un remedio para la mordida de las serpientes. Haz una serpiente de bronce y ponla sobre un asta[G] de manera que todos puedan verla. ¡Miren y vivirán! Si cualquiera que fuere mordido mirare y creyere en el remedio de Dios para su pecado, esa persona no morirá." Moisés pueda haber pensado que esa era una manera un poco inusual para resolver el problema, pero el obedeció a Dios.

"That's an insane idea."
"That's too easy."
"That's impossible."
"I can save myself."
"I will wait until later."

These all died. But every person who looked at the cure God had given and believed what God said did not die. The snake was teaching about Jesus Who would come into the world many years later.

Jesus would die on a cross that was lifted up where every person could see. All of us have sinned. All of us need a Saviour. Jesus is that Saviour. We must believe and not make excuses.

Algunos entre la gente que habían sido mordidos no querían creer que esto funcionaría. Escuchemos sus excusas.

"Esa es una idea enajenada."
"Eso es muy fácil."
"Eso es imposible."
"Yo puedo salvarme a mí mismo."
"Voy a esperar hasta más tarde."

Todos estos murieron. Pero cada persona que miró al remedio que Dios había dado y creyó en lo que Dios había dicho, no murió. La serpiente de bronce enseñaba acerca de Jesús quien vendría al mundo muchos años más tarde.

Jesús moriría en una cruz que sería levantada para que toda persona pudiera ver. Todos nosotros hemos pecado y necesitamos un salvador. Jesús es ese salvador. Debemos creer y no dar excusas.

Jesus Will Come

God promised, in detail, the coming and sacrifice of His Son. Isaiah 7:14, Isaiah 53, Micah 5:2

One day the long trip from Egypt to the land God had promised was over. God's people built homes and planted gardens. They had children. They had leaders and they made laws. They built a house in which to worship God. They still used the blood of animals as a sacrifice for sin.

Over hundreds of years, God kept on telling them that He would send His Son, Jesus, into the world when the time was right. God often spoke to His special leaders. He told them many details about the coming of Jesus and about His life and death.

Isaiah was one of those special leaders. This is what he said about Jesus. "He will be hated and will be a man of suffering. He will take upon Himself our troubles and carry our sorrows. He will be crushed for our sins. He will be punished so that we can have peace.

"All of us like sheep[G] have gone the wrong way. Each of us has turned to his own way. And God has put on Jesus the sin of us all. He will be taken like a lamb[G] and be put to death. He will be hurt because of the sin of the people who should have been punished."

God told them that Jesus would be born in Bethlehem.

Jesús Vendrá

Dios prometió detalladamente, la venida y sacrificio de su Hijo. Isaías 7:14, 53; Miqueas 5:2

Un día el largo viaje de Egipto a la tierra prometida terminó. El pueblo de Dios construyó casas y sembró jardines. Tuvieron niños. Tenían líderes que hicieron leyes. Ellos construyeron un templo en el cual adorar a Dios. Todavía usaban la sangre de animales como un sacrificio por el pecado.

Por cientos de años Dios les decía que enviaría a su Hijo, Jesús, al mundo cuando llegara el tiempo adecuado. Dios frecuentemente hablaba a sus siervos especiales. Él les dio muchos detalles acerca de la venida de Cristo, y de su vida y su muerte.

Isaías fue uno de esos siervos especiales. Esto es lo que él dijo acerca de Jesús: "Él será despreciado y será un hombre de dolores. Él llevará nuestros problemas y sufrirá nuestros dolores. Él será molido por nuestros pecados. El castigo de nuestra paz será sobre él."

"Todos nosotros nos descarriamos como ovejas[G], cada cual se apartó por su camino; mas Jehová cargó en él el pecado de todos nosotros. Él será tomado como un cordero y le matarán. Él será herido por el pecado de la gente, que debería haber sido castigada."

He said Jesus would be born of a woman who had never had a man. Jesus would be betrayed for thirty pieces of silver. He would die on a cross. God said, "When Jesus dies, not one bone of His body will be broken." God said that Jesus would be raised from the dead.

Was Jesus really coming? Would God keep His promise? Would it happen exactly as God said?

Many people forgot the words of God. They thought only about money and how to become rich. They thought about good food and having fun. They thought about how to get power and how to get high position.

But there were always a few who remembered God's words. They believed what God said. They waited and waited until one day....

Dios les dijo que Jesús nacería en Belén. Él les dijo que Jesús nacería de una mujer virgen, que sería traicionado por treinta piezas de plata, y que moriría en una cruz. Dios dijo: "Cuando Jesús muera, ni un hueso de su cuerpo será quebrado." Dios dijo que Jesús resucitaría de los muertos.

¿En verdad, vendría Jesús? ¿Cumpliría Dios su promesa? ¿Sucedería tal como Dios dijo?

Muchos olvidaron las palabras de Dios. Ellos pensaban más bien en el dinero y en como hacerse ricos. Pensaban en comer y en divertirse. También pensaban en como obtener poder y posiciones altas.

Pero había unos pocos que recordaban las palabras de Dios. Estos creían lo que Dios había dicho. Ellos esperaban y esperaban, hasta que un día…

Jesus Is Born

God's best plan begins. Luke 2

God said, "The right time has come. My Son, Who has always been with Me, will now begin His life on earth."

God sent an angel[G] to a young woman named Mary. "Do not be afraid, Mary. You are honored very much. God has chosen you. You will become a mother and have a Son. You must call Him Jesus."

Mary said, "How can this happen? I have never had a man."

The angel said, "The power of God will cover you. God will make the baby grow inside you. This Holy Child is God's own Son. He is the One God promised to Adam and Eve and to God's special helpers. He will be the sacrifice for every person's sin."

Mary said, "I am willing. Let it happen to me as you have said."

Mary had promised to be the wife of a good man named Joseph. Mary told him what had happened. Joseph was troubled. God came to Joseph in a dream. "Joseph, it is just as Mary has said. Do not be afraid to marry her."

This was wonderful. God Himself was the Father of Mary's baby. Joseph married Mary and took gentle care of her.

El Nacimiento de Jesús

El mejor plan de Dios comienza. Lucas 2

Dios dijo: "El tiempo apropiado ha llegado. Mi Hijo, quien siempre ha estado conmigo, ahora comenzará su vida en la tierra."

Dios envió un ángel[G] a una muchacha llamada María. "No tengas temor, María.
Tú eres muy favorecida. Dios te ha escogido a ti para ser la madre de su Hijo. Debes llamarle Jesús."

María dijo: "¿Cómo será esto? pues no conozco varón."
El ángel le dijo: "El poder de Dios te cubrirá con su sombra. Él causará que el niño se forme en tu vientre. Este Santo Niño es el Hijo mismo de Dios. Él es quien Dios prometió a Adán y a Eva, y a sus siervos especiales. Él será el sacrificio por el pecado de toda persona."

María dijo: "He aquí la sierva del Señor; hágase conmigo conforme a tu palabra."

María había prometido ser la esposa de un buen hombre llamado José. Ella le contó lo que había sucedido. José estaba preocupado. Dios se le apareció en un sueño. "José, no tengas temor de tomar a María por mujer, ella te dice la verdad."

Esto era maravilloso. Dios mismo era el padre del bebé de María. José se casó con María y la cuidó con mucho cariño.

The king of the land said every man must go to the place of his birth and be counted. Joseph had to go to Bethlehem and took Mary with him. The baby would be born soon. The trip was long. Mary was tired. In Bethlehem, they could not find a room.

One kind man said, "You can stay in the place where my animals sleep. It is warm. You can be alone."

That very night God's Son was born. Mary laid Jesus in the box where the cattle were fed.

Not far away shepherds[G] were watching their sheep[G]. They had a great surprise! A bright light appeared. An angel said, "I bring you good news of great joy. Tonight Jesus is born! Go and see for yourselves!" The shepherds found Jesus. They knew He was the One Who had been promised. How happy they were!

Far, far away a special star came into the sky. Three wise men knew its meaning. The Saviour was born! They traveled a long time. When they found Jesus, they gave Him gold and rich gifts.

God kept His promise. His plan began on time!

El rey de aquella tierra ordenó que todo hombre fuera al lugar de su nacimiento para ser contado. José tuvo que ir a Belén y llevó a María con él. El bebé nacería pronto. El viaje fue largo y María estaba cansada. En Belén, no pudieron hallar hospedaje.

Un hombre bondadoso les dijo: "Pueden quedarse en el lugar donde duermen los animales. Allí no sufrirán frío y estarán en privado."

Esa misma noche el Hijo de Dios nació. María acostó a Jesús en el pesebre donde echaban la comida al ganado.

No muy lejos de allí, pastores[G] cuidaban sus ovejas[G]. ¡Tuvieron una gran sorpresa! Apareció una luz brillante. Un ángel les dijo, "He aquí os doy nuevas de gran gozo. ¡Jesús ha nacido esta noche! ¡Vayan a ver con sus propios ojos!" Los pastores encontraron a Jesús. Ellos sabían que él era el que había sido prometido. ¡Qué felices estaban!

En un lugar muy lejano, una estrella especial apareció en el cielo. Tres magos entendían su significado. ¡El Salvador ha nacido! Ellos viajaron largo tiempo. Cuando encontraron a Jesús, le dieron regalos preciosos de oro, incienso y mirra.

Dios había cumplido su promesa. ¡Su plan empezó a tiempo!

Nicodemus

Jesus wants your heart and life to become new. John 3:1-21

Jesus grew strong and tall. He helped His father and mother. He obeyed them. When Jesus was thirty years old, He began to tell people about God's plan. Some people believed He was the Son of God. Other people hated Him.

A man named Nicodemus went to talk to Jesus at night. He wanted to know how to go to heaven. Jesus said, "You cannot go to heaven unless you are born again."

"Teacher, how can that be?" Nicodemus asked. "How can a man get into his mother's body and be born the second time?"

Jesus said, "A baby has a body like his parents when he is born. God has no body. He is Spirit. It is in your heart, not your body, that you are born again. God gives you a new heart."

"But how?" asked Nicodemus.

Jesus said, "Do you feel the wind that is blowing? Do you see how it moves the leaves on the trees? You know the wind is blowing. You can feel it. You can see what it does, but you do not know how the wind blows.

"In the same way when your soul is born again by the power of God, you know it has happened but not how it happened."

"How is this possible?" asked Nicodemus.

Nicodemo

Jesús quiere que tu corazón y tu vida sean nuevos. Juan 3:1-21

Jesús crecía en fuerza y estatura. Él ayudaba a su padre y madre. Él les obedecía. Cuando Jesús cumplió treinta años, empezó a hablar a la gente acerca del plan de Dios. Algunos creyeron que él era el Hijo de Dios. Otros le odiaban.

Un hombre llamado Nicodemo fue a hablar con Jesús de noche. Él quería saber cómo ir al cielo. Jesús le dijo: "Tú no puedes ir al cielo, a menos que nazcas de nuevo."

"¿Maestro cómo puede ser eso? Preguntó Nicodemo. "¿Cómo puede un hombre entrar en el vientre de su madre por segunda vez, y nacer?

Jesús le dijo: "Un bebé tiene un cuerpo como sus padres cuando nace. Dios no tiene un cuerpo. Él es espíritu. Es tu corazón, no tu cuerpo, el que debe nacer de nuevo. Dios te da un corazón nuevo."

"¿Pero cómo?" Preguntó Nicodemo.

Jesús le dijo: "¿Sientes el viento que sopla? ¿Ves cómo mueve las hojas de los árboles? Tú sabes cuando el viento sopla. Tú puedes sentirlo. Puedes ver lo que hace, pero no sabes como sopla."

"De igual manera, cuando tu alma es nacida de nuevo por el poder de Dios, sabes que ha sido hecho, pero no como ha sucedido."

Jesus said, "Soon the people who hate Me will put Me to death on a cross. Do you remember how Moses lifted up the snake? The people did not die if they believed God would save them. Any person who believes I die in his place will have all sin taken away. He will have a clean, new-born heart. He can go to heaven." Nicodemus believed what Jesus said.

God loves us so much. He gave His only Son to die in our place. If you believe, your sins will be forgiven and you will have life that lasts forever.

Jesus wants you to have a new-born heart and new life. Do you believe Jesus died for you? Will you accept His gift of a new heart and a new life?

"¿Cómo es posible esto?" Preguntó Nicodemo.

Jesús dijo: "Pronto la gente que me odia me matará en una cruz. ¿Recuerdas cómo Moisés levantó la serpiente? La gente no moría si creía que Dios les salvaría. Toda persona que cree que yo morí en su lugar tendrá todos sus pecados perdonados. Tendrá un corazón limpio, nacido de nuevo. Puede ir al cielo." Nicodemo creyó lo que Jesús le dijo.

Dios nos ama tanto. Él dio a su Hijo unigénito para morir en nuestro lugar. Si tú crees, tus pecados serán perdonados y tendrás vida eterna.

Jesús quiere que tú tengas un corazón nacido de nuevo y nueva vida. ¿Crees que Jesús murió por ti? ¿Recibirás su regalo de un corazón nuevo y una vida nueva?

How to Live

After you are new-born, Jesus wants you to have certain behavior. Matthew 5-6

After you are new-born, God wants you to have actions that please Him. Jesus taught us how to please God.

It was a beautiful day. People hurried to the hill where Jesus was talking. They sat on the ground and listened carefully.

Jesus said:

"Give up everything that would keep you from loving God with all your heart.

"Be as obedient and as believing as a little child.

"Trust God, your Heavenly Father, for all the things you need. Do not worry.

"You know the Ten Rules given to Moses. You must go beyond these rules. Do not pay back wrong for wrong.

"Love your enemy. Help your enemy and pray for him. You must forgive in the way God does. Do not hold hate in your heart.

"Do not criticize others. Do not want to be first. Be happy to give to others.

Cómo Vivir

Después de nacer de nuevo, Jesús quiere que tú tengas cierto comportamiento. Mateo 5-6

Después de nacer de nuevo, Dios quiere que tus acciones le agraden. Jesús nos enseñó como agradar a Dios.

Era un día hermoso. La gente iba de prisa a un monte donde Jesús estaba predicando. Ellos se sentaron en el suelo y escucharon con mucha atención.

Jesús dijo:

"Dejen todo lo que les evitaría amar a Dios con todo su corazón.

Sean obedientes y tengan fe como un niño.

Confíen en Dios, su Padre Celestial, para todo lo que necesitan. No se preocupen.

Ustedes saben los diez mandamientos dados a Moisés. Ustedes deben ir más allá de estos diez mandamientos. No paguen mal por mal.

Amen a sus enemigos. Ayuden a sus enemigos y oren por ellos. Deben perdonar como Dios perdona. No mantengan odio en su corazón.

No critiquen a otros. No busquen el primer lugar. Den a otros con alegría.

"Act toward other people the same way you want them to act toward you."

The people listened and thought, "This is not easy. Can a person really live like this?"

Jesus knew their thoughts. He said, "Ask God to help you live like this. He loves you. He knows you cannot live like this by your own power. He will give you the power to live as you should. He will help you, for sure!"

Today, God will help you in the same way!

Traten a otros como quieren que ellos los traten a ustedes."

La gente escuchó y pensó, "Esto no es fácil. ¿Puede acaso alguien de veras vivir así?

Jesús conocía sus pensamientos. Él dijo: "Pidan a Dios que les ayude a vivir así. Él los ama. Él sabe que ustedes no pueden vivir así por su propia fuerza. Él les dará el poder para vivir como deben. ¡Él seguramente los ayudará!"

Hoy, ¡Dios te ayudará de igual manera!

A Boy and His Lunch

Jesus can do anything, but He wants your help.

John 6:1-14

More and more people wanted to hear Jesus talk. One day a boy asked, “Mother, may I go to listen to Jesus?”

“Yes,” his mother said. “You will have to walk a long way. You will be hungry. You must take a lunch.” She gave him five little loaves[G] of bread and two small fish in a bag. “Go, and be careful,” his mother said.

The boy walked a long way. He arrived at the place where Jesus was teaching. More than 5,000 people were already there. The boy was so excited that he did not take time to eat.

The hours went by. The people had eaten all the food they had brought. Now they were very hungry.

Jesus said to His helpers, “We must feed the people.”

His helpers said, “There is no place to buy bread here in the desert. If bread could be bought, we have no money.”

Jesus said, “You can give them food to eat.”

“It is impossible,” His helpers said. “ We don’t have one bit of food.”

The boy with the lunch heard about the problem. He went to Jesus’ helpers and said, “I have five little loaves of bread and two small fish. That is not much food but I will

Un Muchacho y su Almuerzo

Dios puede hacer cualquier cosa, pero el quiere tu ayuda.

Juan 6:1-14

Más y más gente quería oír hablar a Jesús. Un día un niño preguntó: “¿Mamá, puedo ir a escuchar a Jesús?”

“Sí”, le dijo su mamá. “Vas a tener que caminar una larga distancia. Te va a dar hambre. Debes llevar almuerzo.” Ella le puso cinco panes[G] y dos pescados en una bolsa. “Ve, y ten cuidado”, le dijo su mamá.

El muchacho caminó una larga distancia. Llegó al lugar donde Jesús estaba enseñando. Más de 5000 personas ya estaban allí. El muchacho estaba tan emocionado que ni tomó tiempo para comer.

Las horas pasaron. La gente se había comido toda la comida que trajeron. Ahora tenían mucha hambre.

Jesús dijo a sus ayudantes: “Debemos dar de comer a la gente.”

Sus ayudantes dijeron: “No hay lugar donde comprar pan aquí en el desierto. Aun si pudiéramos comprar, no tenemos dinero.”

Jesús dijo: “Denles ustedes de comer.”

“Es imposible”, dijeron sus ayudantes. “No tenemos nada de alimentos.”

El muchacho que tenía su almuerzo oyó del problema. Él

give it all to you."

Jesus smiled and took the lunch. He told all the people to sit down. He prayed to His Father in heaven. Jesus broke the bread and fish into pieces. The more He broke the more there was!

The helpers gave the food to all the people. They had all they wanted to eat. There was a lot of extra food.

Jesus may have said to the boy, "You gave Me all you had and God's power made it enough for all the people. You made God happy. You made others happy. You did not think of yourself only. You may take some of the extra food home with you."

The boy may have said, "It is good to give all to God. Now I am the most happy of all!"

God can do anything, but sometimes He wants your help. Give Him all you have. God will bless you and will make you a blessing to others.

fue a los ayudantes de Jesús y les dijo: "Tengo cinco panes y dos pescados. No es mucho pero puedo compartirlo con ustedes."

Jesús sonrió y tomó el almuerzo. Él pidió que toda la gente se sentara. Él oró a su Padre Celestial. Luego partió los panes y los pescados en pedazos. ¡Lo más que repartía, más había!

Sus ayudantes repartieron los alimentos a la gente. Comieron hasta que se saciaron, y sobró mucha comida.

Pueda ser que Jesús haya dicho al muchacho, "Tú me diste todo lo que tenías y el poder de Dios lo multiplicó para toda la gente. Dios está feliz por eso. También hiciste felices a otros. No pensaste en ti solamente. Puedes llevar comida de la que sobró a tu casa."

Pueda ser que el muchacho haya dicho, "Es bueno dar todo a Dios. ¡Ahora yo soy el más feliz de todos!"

Dios puede hacer todo, pero a veces quiere que le ayudes. Dale todo lo que tienes. Dios te bendecirá y te hará bendición a otros.

The Good Neighbor

Jesus wants you to love Him and also love others as much as you love yourself. Luke 10:30-37

One day a man asked Jesus, "What must I do to go to heaven?"

The answer was, "You must love God with all your heart. You must love your neighbor as you love yourself."

"Who is my neighbor?" the man asked. Jesus told a story to answer the question.

There were two groups of people who hated each other. One group was called Jews. The other group was called Samaritans.

One day a Jew was traveling a lonely road from one town to another. He should not have traveled alone. It was a dangerous road. Suddenly robbers[G] jumped out and attacked him. They stole his money and his clothes. The robbers beat him and left him almost dead.

It happened that an important Jew was going down that same road. He saw the poor man but he would not stop to help. He went by on the other side of the road. Later another Jew came by. He was in a hurry. He passed by, also. These two refused to help a man of their own group.

Soon a man from Samaria came down the road riding on a donkey[G]. He saw the Jew and had mercy on him. He

El Buen Prójimo

Jesús quiere que le ames y que ames a otros como te amas a ti mismo. Lucas 10:30-37

Un día un hombre preguntó a Jesús, "¿Qué debo hacer para ir al cielo?

La respuesta fue: "Amarás al Señor tu Dios con todo tu corazón, y a tu prójimo como a ti mismo."

"¿Quién es mi prójimo?" preguntó el hombre. Jesús contó una historia para responder a la pregunta.

Había dos grupos de gente que se odiaban los unos a los otros. Un grupo eran los judíos. El otro grupo eran los samaritanos.

Un día un judío iba viajando de un pueblo a otro por un camino solitario. Él no debía haber viajado solo. Era un camino peligroso. De repente unos ladrones[G] salieron y le atacaron. Le robaron el dinero y su ropa. Los ladrones le golpearon y le dejaron casi muerto.

Sucedió que un judío importante iba por el mismo camino. Él vio al pobre hombre pero no se detuvo para ayudarle. Él pasó al otro lado del camino. Más tarde otro judío pasó por allí. Este iba de prisa y también se fue de paso. Estos dos rehusaron ayudar a uno de su mismo grupo.

Pronto un hombre de Samaria venía por el camino montado en un asno[G]. Él vio al judío y tuvo misericordia

stopped to help. The Samaritan put oil and wine where the man was cut. He tied up the wounds of the hurt Jew.

The Samaritan put the man on his own donkey. They went to a place where people stay for the night. The Samaritan stayed all through the night and took care of the Jew.

The next day the Samaritan had to leave. He said to the owner of the resting place, "Here is money. Take care of this man. I will come back. If you need more money than this, I will give it to you when I come again."

Three people saw the hurt man. Which one had mercy? Which one showed love? Which one helped? Which one was a good neighbor?

Our neighbor is the person who needs our help, whoever he is. Jesus wants us to be kind to everyone.

de él. Se detuvo para ayudarle. El samaritano puso aceite y vino sobre las heridas, luego las vendó.

El samaritano montó al hombre en su asno. En seguida fueron a un hospedaje. El samaritano se quedó toda la noche con el hombre herido y le cuidó.

El día siguiente el samaritano tenía que salir. Él dijo al dueño del hospedaje: "Aquí tienes dinero. Cuida a este hombre. Si necesitas más dinero te lo pagaré cuando regrese."

Tres personas vieron al hombre herido. ¿Cuál tuvo misericordia? ¿Cuál mostró amor? ¿Cuál ayudó? ¿Cuál fue un buen prójimo?

Nuestro prójimo es la persona que necesita nuestra ayuda, quienquiera que sea. Jesús quiere que seamos bondadosos con todos.

The Good Shepherd

Jesus does not want even one person to be lost.
John 10:1-21

Jesus said, "I am like a shepherd[G] Who takes good care of the sheep[G]. Those who follow Me are My sheep. I know each one by name. I give My life for the sheep."

Jesus told this story. Once there was a shepherd who had 100 sheep. He loved each one of them. He always counted his sheep at the end of the day to be sure that they were all there. One night he counted–97, 98, 99. He discovered that one sheep was missing.

The shepherd left the 99 sheep in a safe place. He went to look for the one lost sheep. It was dark. There were wild animals. There was danger. The shepherd searched and searched. He did not give up. After a long time, he heard the sheep. It was tired and hurt. It was caught in the sharp thorns[G]. It was crying for help. The shepherd reached far down to rescue the sheep. The shepherd put the lost sheep on his shoulder and carried it home.

There are millions of people in the world. Our heavenly Father loves each one. You are important to God. He knows where you live. He knows your name. He cares for you as if you were the only person in all the world.

Are you a lost sheep? We are all lost sheep because

El Buen Pastor

Jesús no quiere que nadie se pierda. Juan 10:1-21

Jesús dijo: "Yo soy el buen pastor que cuida bien sus ovejas[G]. Los que me siguen son mis ovejas. Conozco a cada uno por nombre. Yo doy mi vida por las ovejas."

Jesús contó esta historia. Había una vez un pastor que tenía 100 ovejas. Él amaba a cada una de ellas. Siempre contaba sus ovejas al fin del día para asegurarse que todas estaban allí. Una noche él contó-97, 98, 99. Él descubrió que le faltaba una.

El pastor dejó las 99 seguras en el redil y fue a buscar a la oveja perdida. Ya estaba oscuro. Había animales salvajes. Era peligroso. El pastor buscaba por todos lados. No se dio por vencido. Después de mucho tiempo de buscar, él oyó a la oveja. La oveja estaba cansada y herida. Estaba atrapada entre espinas[G]. Él podía oír sus balidos de alarma. El pastor se estiró para alcanzarla y rescatarla. Él la puso en sus hombros y la llevó a casa.

Hay millones de personas en el mundo. Nuestro Padre Celestial ama a cada una. Tú eres importante para Dios. Él conoce donde tú vives. Él sabe tu nombre. Le importas a él como si tú fueras la única persona en el mundo.

¿Eres tú una oveja perdida? Todos nosotros somos ovejas perdidas porque todos hemos hecho cosas malas.

R. Hook

all of us have done bad things. We have wandered away from God. God sent His Son to search for each one of us to save us from the punishment of sin.

Do you think, "I have gone too far away, I have fallen down too deep into sin, Jesus cannot help me"? That is not true! Call to Him and He will answer you.

He is the Good Shepherd Who gave His life for you. He will save you. He will lift you up. He will guide you and protect you. He will lead you to safety in His Father's house.

Nos hemos alejado de Dios. Dios envió a su Hijo a buscar a cada uno de nosotros para salvarnos del castigo por el pecado.

Quizás tú digas: "Yo me he alejado tanto y he caído tan bajo en pecado, que Jesús no puede ayudarme." ¡Pero eso no es verdad! Clama a él y él te responderá.

Él es el buen pastor que dio su vida por ti. Él te salvará. Él te levantará. Él te guiará y te cuidará. Al final, él te guiará seguro a la casa de su Padre.

The Lost Son

No matter how bad you are, Jesus wants you to come back to Him. Luke 15:11-32

One day many people came to hear Jesus talk. He told them a story about a rich man who had two sons.

The younger son wanted excitement and fun. "Father," he said, "I want my share of the money you are saving for my brother and me. I want it now." The son would not stop asking. The father was sad, but finally he gave him the money.

The son took the money and went far, far away. There he spent all he had on wild and foolish living. When he had no money, his false friends left him. His clothes were torn and dirty. His stomach was empty.

The son got a job feeding pigs. He was so hungry he wanted to eat the pigs' food. One day, as he sat with the pigs, he thought, "In my father's house there is plenty of food and all I need. How foolish I was to leave my father. I am so ashamed, but I will get up and go back home and say, 'Father, I have sinned. I am not good enough to be your son. May I be one of the workers you pay?'"

The son started the long walk back to his father's house. Every step of the way he thought, "I wonder if Father will take me back?"

El Hijo Perdido

No importa que tan malo seas, Jesús quiere que regreses a él. Lucas 15:11-32

Un día mucha gente vino a escuchar a Jesús. Él les contó una historia acerca de un hombre rico que tenía dos hijos.

El hijo menor quería divertirse y gozar de la vida. "Padre", dijo, "Quiero la parte que me corresponde del dinero que está ahorrando para mi hermano y yo. Lo quiero ahora." El hijo no dejaba de pedirlo. El padre estaba triste, pero al fin le dio el dinero.

El hijo tomando el dinero se fue a un lugar muy lejano. Allí gastó todo lo que tenía en cosas insensatas y desordenadas. Cuando ya no tenía dinero, sus falsos amigos le abandonaron. Su ropa estaba rota y sucia. Tenía mucha hambre.

El hijo consiguió un trabajo apacentando cerdos. Tenía tanta hambre que él quería comer la comida de los cerdos. Un día mientras cuidaba los cerdos, pensó: "En la casa de mi padre hay comida suficiente, y yo aquí perezco de hambre. Qué insensato fui al dejar la casa de mi padre. Estoy tan avergonzado, pero me levantaré e iré a mi padre, y le diré: Padre he pecado. No soy digno de ser llamado tu hijo. ¿Me aceptarías como uno de tus jornaleros?"

El hijo emprendió el largo camino de regreso a la casa

F.R. Hook

All this time, the father waited and hoped for his son to return. Every day he stood by the door and watched for him. One day, in the distance, the father saw his son coming.

The father ran with his arms held out to his son. He hugged him close and kissed him. "Father, I have sinned against God and you. I only ask to be one of your..."

The father hugged him closer. "Hurry!" the father said to a worker. "Bring my son the best of everything. Prepare a feast. Let us eat and be full of joy. My son was dead and now he is alive again. He was lost and now he is found. He was far away but now he has come home."

Does God really keep on loving us if we rebel and go away from Him? Yes, like the father in this story, God is waiting with His arms held out for us to come back to Him. When we do, God welcomes us. He reminds us that His love for us will never change or go away.

de su padre. Mientras caminaba iba pensando, "A saber si me recibirá mi padre."

Durante todo este tiempo su padre había esperado y deseado su retorno. Todos los días se paraba a la puerta y miraba si su hijo viniera por el camino. Un día, a la distancia, el padre vio que su hijo venía.

El padre corrió con los brazos abiertos a recibir a su hijo. Él le abrazó y le besó. "Padre, he pecado contra el cielo y contra ti. Sólo quiero que me hagas uno de tus…"

El padre le abrazó aun más apretado. "¡Dense prisa!" El padre dijo a sus siervos. "Traigan a mi hijo lo mejor de todo. Preparen un banquete. Comamos y hagamos fiesta. Mi hijo muerto era y ha revivido. Se había perdido y es hallado. Andaba lejos, pero ahora ha regresado a casa."

¿Puede ser realidad que Dios nos sigue amando aun si nos rebelamos contra él y nos alejamos de él? Sí, él es como el padre de esta historia. Dios nos está esperando con brazos abiertos que regresemos a él. Cuando lo hacemos, Dios nos da la bienvenida. Él nos recuerda que su amor por nosotros nunca cambiará o mermará.

The Little Man

Jesus loves you where you are and how you are.

Luke 19:1-10

In Jericho, there lived a rich man named Zacchaeus. He collected taxes. He was rich, but he had no friends. He often charged more tax than was right and kept the extra money for himself. He was not honest and no one wanted to be seen talking to him. His looks were against him, too. People made fun of him because he was so short.

Zacchaeus had heard about Jesus. More than anything, Zacchaeus wanted to talk to this wonderful Man who was good and kind. But he had no hope of ever doing this. He was sure Jesus would never take time to visit with him.

One day the people on the street were talking. "Have you heard? Jesus is coming this way!"

"Here is my chance," thought Zacchaeus. "I know I can't talk to Him, but at least I can see Him."

But the crowd was so large and Zacchaeus was so small that it was impossible to see. Zacchaeus did not give up. He quickly ran ahead of the crowd and climbed a tree. He thought, "This is perfect! I can see everybody but nobody can see me!"

The crowd came down the street. Jesus stopped beneath the very tree where Zacchaeus was. Jesus looked

El Hombre Pequeño

Jesús te ama donde estás y como estás.

Lucas 19:1-10

En Jericó vivía un hombre llamado Zaqueo. Él era recaudador de impuestos. Éste era rico, pero no tenía amigos. Frecuentemente cobraba más impuestos de lo que era lícito y se quedaba con el dinero extra para sí mismo. Él no era honesto y nadie quería ser visto platicando con él. Su altura le era desventaja también. La gente se burlaba de él porque era tan bajo de estatura.

Zaqueo había oído acerca de Jesús. Más que cualquier otra cosa, Zaqueo quería hablar con este hombre maravilloso que era bueno y bondadoso. Pero no esperaba jamás poder hacerlo. Él estaba seguro de que Jesús jamás tomaría tiempo para visitarle.

Un día la gente en la calle estaba hablando. ¿Han oído? ¡Jesús viene por este camino!

"Esta es mi oportunidad", pensó Zaqueo. "Yo sé que no puedo hablar con él, pero por lo menos puedo verle."

Pero la multitud era tan grande y Zaqueo era tan pequeño que era imposible ver. Zaqueo no se dio por vencido. Se adelantó de la multitud y se subió a un árbol. El pensó entre sí: "¡Esto está perfecto!" "¡Puedo ver a todos, pero nadie me puede ver a mi!"

up in the tree and said, "Zacchaeus, you can come down now. I want to go to your house today."

Zacchaeus was so excited he nearly fell out of the tree. Jesus knew his name! Jesus knew what he was like and He still wanted to be his Friend. Zacchaeus was so happy. He took Jesus to his house and prepared a feast for Him.

The meeting with Jesus completely changed Zacchaeus' life. He said, "Jesus, I have done wrong. Now I want to be honest. I will give to the poor. I have cheated people. Now I will give them four times more than I took."

Jesus said, "Today salvation has come to this house. Man looks on the outside, but my Father looks on the inside and knows those who want to follow Him."

God accepts you where you are and how you are.

La multitud avanzaba por la calle hacia él. Jesús se detuvo bajo el árbol mismo donde Zaqueo estaba. Jesús miró hacia arriba y dijo: "Zaqueo, date prisa, desciende, porque quiero posar en tu casa hoy."

Zaqueo estaba tan emocionado que por poco se cae del árbol. ¡Jesús sabía su nombre! Jesús sabía la clase de persona que era y todavía quería ser su amigo. Zaqueo estaba muy feliz. Él llevó a Jesús a su casa y le preparó un banquete.

Este encuentro con Jesús cambió por completo la vida de Zaqueo. Él confesó: "Jesús, he hecho cosas malas, pero desde ahora en adelante quiero ser honesto. Voy a dar a los pobres. Si en algo he defraudado a alguno, le devuelvo cuatro tantos."

Jesús dijo: "Hoy ha venido la salvación a esta casa. El hombre mira lo de afuera, pero mi Padre mira lo que está adentro y conoce a esos que quieren seguirle."

Dios te acepta donde estás y como estás.

Jesus Died for Us

Jesus paid the price for your sin. Luke 22-23

The common people loved Jesus and followed Him. This made the rulers very angry and full of hate. They wanted to kill Jesus. Jesus knew the time had come for Him to finish God's plan. It was time for Him to die on the cross.

Jesus ate one last supper with His twelve special followers. Then they went to a lonely garden. There Jesus prayed, "My Father, if it is possible, save Me from this terrible death. But if this is what I must do, I am willing. I want to obey You."

Jesus was taken before Pilate, the ruler of the land. A large crowd of people, led by the enemies of Jesus, gathered together. Pilate talked to Jesus. Then he told the people, "I can find no wrong in Jesus. I want to release Him."

But all the crowd screamed, "Nail[G] Him to a cross! Nail Him to a cross!"

Pilate gave Jesus to the soldiers to be nailed to a cross. They beat Jesus. They made fun of Him and spit on Him. They put a crown of thorns[G] on His head and made Him carry His own cross. When they came to the place called Calvary, they nailed Jesus to a cross. He was lifted up and His blood flowed down.

Jesus prayed, "Father, forgive them." Then Jesus said,

Jesús Murió por Nosotros

Jesús pagó la deuda por tus pecados. Lucas 22-23

La gente común amaba a Jesús y le seguía. Esto daba ira y odio a los líderes religiosos. Ellos querían matar a Jesús. Jesús sabía que el tiempo había llegado para cumplir el plan de Dios. Era tiempo para que él muriera en la cruz.

Jesús comió una última cena con sus doce discípulos especiales. Luego fueron a un jardín solitario. Allí Jesús oró: "Padre, si es posible, líbrame de esta muerte terrible. Pero si esto es lo que debo de hacer, estoy dispuesto. Yo quiero obedecerte."

Jesús fue llevado ante Pilato, el gobernador de aquella tierra. Se reunió una gran multitud dirigida por los enemigos de Jesús. Pilato habló con Jesús. Luego dijo a la gente: "No hallo delito en él, quiero soltarle."

Pero toda la multitud gritaba, "Crucifícale, crucifícale!"

Pilato entregó a Jesús a los soldados para ser crucificado. Ellos le golpearon. También se burlaban de él y le escupieron. Le pusieron una corona de espinas[G] en la cabeza y le hicieron cargar su cruz. Cuando llegaron a un lugar llamado Calvario, clavaron a Jesús en una cruz. Él fue levantado y su sangre fue derramada.

Ya colgado en la cruz, Jesús oró: "Padre, perdónalos, porque no saben lo que hacen." Un rato después Jesús dijo:

"I have finished what I came to do." And He died.

But that is not the end of the story!!

Here is the reason Jesus had to die. God is holy and hates sin. Sin always hurts and destroys the people God created. When Adam and Eve disobeyed God, they sinned. But God loves sinners and wants to save them from sin and death.

Before Jesus came, God told the people they could bring certain animals to the place of worship and offer them as a sacrifice for their sins so that they would not have to die. But this was not the perfect sacrifice. It had to be given over and over.

When Jesus came, He died for us. God did away with the Old Way and made a New Way. Now we do not have to offer other sacrifices. Jesus gave His blood once for all people for all time. Jesus took on Himself the punishment for sin that should have been given to the sinner.

When you believe this and put yourself in the care of Jesus, you become God's child. You are given eternal life.

"Consumado es." Y así murió.

¡Pero ese no es el fin de la historia!

Aquí está la razón por qué Cristo tuvo que morir. Dios es santo y odia el pecado. El pecado siempre lastima y destruye las personas que Dios creó. Cuando Adán y Eva desobedecieron a Dios, ellos pecaron. Pero Dios ama a los pecadores y quiere salvarlos del pecado y de la muerte.

En los tiempos antes de Cristo, Dios ordenó a la gente que trajera animales al lugar de adoración y que los ofrecieran como sacrificio por sus pecados, para que así ellos no tuvieran que morir. Pero estos sacrificios no eran perfectos. Tenían que hacerse vez tras vez.

Cuando Cristo vino, él murió por nosotros. Dios descontinuó el sistema antiguo y abrió un Camino Nuevo. Ahora ya no tenemos que ofrecer más sacrificios. Jesús dio su sangre por toda la humanidad una vez para siempre. Jesús tomó sobre sí mismo el castigo por el pecado que debiera haber sido dado al pecador.

Cuando tú crees esto y te entregas al cuidado de Jesús, llegas a ser un hijo de Dios. Tú recibes vida eterna.

Jesus Is Alive!

He lives, so you can have eternal life, too. Luke 24

There was a good man named Joseph. He went to Pilate and asked for the body of Jesus. He took the body down from the cross and put it in good cloth. He laid Jesus in a place that had been cut out in the side of a rock. A huge stone was put across the opening. The enemies of Jesus put soldiers to guard the place.

The friends of Jesus were so sad. Jesus was gone and their hearts were broken. The future was very dark. They had no hope of ever seeing Jesus again.

It was early Sunday morning three days after Jesus had died. Suddenly there was a strong earthquake. An angel[G] came down and rolled away the stone. Jesus came out! The soldiers who were on guard were so afraid that they fell to the ground. Then they ran away to tell what had happened.

Some women were going back to look at the place where the body of Jesus was laid. When the women got to the place where Jesus had been buried, the angel said, "Do not be afraid. You are looking for Jesus Who was nailed[G] to a cross. He is not here. He is risen! Come and see, then go and tell His followers the Good News!"

The women ran quickly. Could this really be true?

¡Jesús Vive!

Porque él vive, tú puedes tener vida eterna también. Lucas 24

Hubo un hombre bueno llamado José. Él fue a Pilato y le pidió el cuerpo de Jesús. Y tomándolo lo envolvió en una sábana, y lo puso en un sepulcro abierto en una peña. Luego rodaron una gran piedra para cubrir la entrada. Los enemigos de Jesús pusieron soldados a cuidar la tumba.

Los amigos de Jesús estaban muy tristes. Jesús había partido y sus corazones estaban traspasados de dolor. El futuro parecía muy oscuro. Ellos no tenían esperanza de jamás ver a Jesús otra vez.

Muy de mañana el domingo, tres días después de haber sido muerto, de repente se dio un terremoto fuerte. Un ángel[G] vino y removió la piedra de la entrada. ¡Jesús se levantó! Los soldados que estaban guardando la tumba tuvieron tanto temor que cayeron al suelo. Luego se levantaron y fueron a contar lo que había pasado.

Algunas mujeres vinieron al lugar donde le habían puesto. Cuando llegaron al lugar, un ángel les dijo: "No teman. Ustedes buscan a Jesús que fue crucificado. No está aquí. ¡Él ha resucitado! Vengan y vean, luego vayan y den las buenas noticias a los discípulos.

Las mujeres corrieron rápidamente. ¿Podría ser que esto era realidad? De pronto, Jesús se les apareció y les habló.

Suddenly, Jesus met them and spoke to them. They fell at His feet and worshiped Him. Then the women returned to tell the other followers what they had seen.

The followers heard the women say, "Jesus is not dead! He is risen! We have seen Him! He lives!" Those who believed this were unspeakably happy. They knew that because Jesus was alive they also had hope and a future.

Jesus says to us, "Because I live, you will live also. I am the One Who raises the dead and gives them life. Anyone who puts his trust in Me will live again even if he dies."

Ellas cayeron a sus pies y le adoraron. En seguida fueron y contaron a los otros discípulos lo que habían visto.

Los discípulos oyeron a las mujeres decir, "¡Jesús no está muerto! ¡Él ha resucitado! Nosotras le hemos visto. ¡Él vive! Los que creyeron esto estaban inefablemente felices. Ellos sabían que porque Jesús vivía, ellos también tenían esperanza y un futuro.

Jesús nos dice a nosotros, "Porque yo vivo, ustedes también vivirán. Yo soy el que resucito a los muertos y les doy vida. Cualquiera que pone su confianza en mí, aunque esté muerto vivirá."

Jesus Returns to Heaven

Jesus sent His Holy Spirit to live in your heart to help you live in a way that makes Jesus happy. 1 Corinthians 15:1-8

Jesus stayed on earth for forty days. He was seen many times after He arose from the dead. Once, more than 500 people saw Him at the same place.

Still, some followers doubted that Jesus was alive. One day, He came to some of them and said, "Why do you doubt? Look at My hands and My feet. See the marks of the nails[G] that held Me on the cross. Touch Me. It is I, and I am alive." They touched and they believed.

Thomas was not there that day so his friends told him, "We have seen Jesus." He said, "I will not believe until I see the marks of the nails with my own eyes and put my own finger in them."

Eight days later, Jesus appeared to Thomas. "Thomas, touch the marks in My hands. Do not doubt, believe!"

Thomas knew it was Jesus and said to Him, "My Lord and my God!"

Jesus said, "Thomas, because you have seen Me, you believe. Blessed are those who have not seen Me and still believe."

After forty days Jesus went outside the town. A large crowd went with Him. Jesus lifted His hands and blessed

Jesús Retorna al Cielo

Jesús mandó al Espíritu Santo para que viva en tu corazón y te ayude a vivir una vida que le agrade. I Corintios 15:1-8

Jesús se quedó en la tierra por cuarenta días después de resucitar de los muertos. Él fue visto varias veces. Una vez, más de 500 personas le vieron al mismo tiempo.

Aun con eso, algunos de sus seguidores dudaban que él estaba vivo. Un día, él apareció a algunos de ellos y les dijo: "¿Por qué dudan? Miren mis manos y mis pies. Vean las marcas de los clavos[G] que me mantuvieron en la cruz. Tóquenme. Soy yo, y estoy vivo." Ellos le tocaron y creyeron.

Tomás no estaba con ellos cuando Jesús vino, así que sus amigos le contaron: "Hemos visto ha Jesús." Él dijo: "Si no viere la señal de los clavos con mis propios ojos, y metiere mi dedo en el lugar de los clavos, no creeré."

Ocho días después, Jesús apareció a los discípulos otra vez. Esta vez Tomás estaba con ellos. Luego dijo a Tomás: "Pon aquí tu dedo, y mira mis manos, y no seas incrédulo, sino creyente."

Tomás sabía que era Jesús, y le dijo: "¡Señor mío, y Dios mío!"

Jesús le dijo: "Porque me has visto, Tomás, creíste; bienaventurados los que no vieron, y creyeron."

them. He said, "Now I go to the Father. The Good News will be told in all the world. Then I will come back in power and shining brightness with all the holy angels[G]. I will gather My people to Me forever. Be ready and hold to your faith in Me until I come." Jesus started to go up from the earth. He went up until He could no longer be seen.

Jesus promised that He would send the Holy Spirit to be with His followers. The Holy Spirit would be in the heart of every believer to give comfort and to guide and to help the believer to please God.

Jesus is now with God. Jesus prays for us and watches over us. When the time is right, Jesus will come back to earth again. The Christian dead will come out of their graves. Believers who are alive will rise up to meet Jesus. We will go to heaven. God's plan will be complete. What a wonderful day that will be!

Después de cuarenta días Jesús fue afuera del pueblo. Una gran multitud fue con él. Jesús levantó sus manos y los bendijo. Él dijo: "Ahora voy al Padre. El evangelio será anunciado en todo el mundo. Luego vendré otra vez en poder y gran gloria con todos los santos ángeles. Yo voy a juntar a todo mi pueblo para que esté conmigo para siempre. Estén listos, y mantengan su fe en mí hasta que yo venga." Y habiendo dicho estas cosas, Jesús empezó a subir al cielo. Él subió hasta que ya no podía ser visto.

Jesús prometió que mandaría al Espíritu Santo para que estuviera con sus seguidores. El Espíritu Santo moraría en el corazón de cada creyente para confortarle y guiarle, y para ayudar al creyente a agradar a Dios.

Jesús está ahora con Dios. Jesús ora por nosotros y nos cuida. Cuando llegue el cumplimiento del tiempo, Jesús regresará a la tierra otra vez. Los cristianos ya muertos saldrán de sus tumbas. Los creyentes que están vivos serán levantados al cielo para encontrarse con Jesús. Iremos al cielo. El plan de Dios estará completo. ¡Qué día más maravilloso será ese!

Choosing to Belong

Jesus welcomes you to be His child and friend. Mark 10:13-16

Even before the world was made, God chose you for Himself because of His love. God planned for you to be His child. He made heaven for you. But it is not enough to say, "Let me in."

There are some things you must do:

You must believe that God exists.

You must have faith in God. Faith is believing that what God says is true. Do you believe what God says?

You must be sorry for your sins and turn from them. You must tell your sins to God. If you are sorry and tell Him your sins, you can depend on Him to forgive them. Are you sorry you have sinned?

You must trust Jesus. This means to put yourself in His care and not worry. He loves you. He accepts you. He keeps His promises.

Jesus made heaven possible for us when He gave His own blood as a gift to God. You have a choice. You can accept or reject this gift that Jesus offers you.

Please accept this gift. You will always be glad you did. You will belong to the family of God. You will go to

Escogiendo Pertenecer a la Familia de Dios

Jesús te recibe y quiere que seas un hijo de Dios. Marcos 10:13-16

Aun antes de que el mundo fuera creado, Dios, por su amor, te escogió para sí mismo. Dios planeó para que fueras su hijo. El preparó el cielo para ti. Pero no es suficiente decir, "Déjeme entrar."

Hay algunas cosas que debes hacer:

Debes creer que Dios existe.

Debes tener fe en Dios. Fe es creer que lo que Dios dice es verdad. ¿Crees lo que Dios dice?

Debes arrepentirte de tus pecados y abandonarlos. Tú tienes que confesar tus pecados a Dios. Si tú te arrepientes y le confiesas tus pecados, puedes estar seguro de que él te perdonará. ¿Estás arrepentido por tus pecados?

Debes confiar en Jesús. Esto significa ponerte en su cuidado y no preocuparte. Él te ama. Él te acepta. Él cumple sus promesas.

Jesús hizo posible el cielo para nosotros cuando él dio su sangre como un regalo a Dios. Tú puedes escoger. Tú

heaven when you die. You will not go to the place prepared for Satan and his followers. Will you open your heart and ask Jesus to come in?

You can pray to God in your own way. He knows what your heart says. Or you can pray this prayer:

"God, I know that You exist and that You love me. I want to be Your child. I have sinned. I have ....(you can tell God all the sins you remember doing). I am sorry I have disobeyed You and have hurt others. Please forgive me. I open the door of my heart and ask You to come in right now. I trust You to accept me. I believe You do take my sins away. Thank You, Father. I love You. Help me to live for You and to learn more about You. I ask You to do this for me because Jesus gave His blood for me. Amen"

puedes aceptar o rechazar este regalo que Jesús te ofrece.

Por favor acepta este regalo. Siempre estarás feliz por haberlo hecho. Tú pertenecerás a la familia de Dios. Tú irás al cielo cuando mueras. No irás al lugar preparado para el diablo y sus seguidores. ¿Abrirás tú corazón a Jesús y le invitarás a entrar?

Puedes orar a Dios en tu propia manera. Él sabe lo que tu corazón dice. O si prefieres, puedes hacer la siguiente oración:

"Dios, yo sé que tú existes y que me amas. Quiero ser tu hijo. He pecado. Yo he... (debes confesar a Dios los pecados que recuerdas haber hecho). Me arrepiento de haberte ofendido a ti, y a otros. Por favor, perdóname. Abro la puerta de mi corazón y te ruego que entres ahora mismo. Confío que me aceptas. Creo que tú realmente quitas mis pecados. Gracias, Padre. Te amo. Ayúdame a vivir para ti, y a aprender más de ti. Te ruego que hagas esto por los méritos de la sangre de Cristo. Amén."

Tell Others

Jesus wants you to tell others what you know about Him.

Luke 5:1-11

Now you are God's child. At one time you did not belong to Him. Your mind was at war with Him. Your thoughts and actions were wrong. But Jesus has brought you to God by His death on the cross. Now you have life that will never end. This is good news that you can share with others.

One bright day, Jesus was walking on the beach talking to people. The people pushed closer and closer. Jesus got into Peter's boat and asked him to go out a little way from the beach. Jesus talked from the boat.

When Jesus finished talking, He told Peter to go out into the deep water. "Now, Peter, let down your net[G] and catch fish."

Peter said, "We fished all last night and did not catch one fish. I think there are no fish here. But I will do as You say."

What a surprise! The net came up with so many fish in it that the boat was about to sink! Peter had to call for help. The men who helped were Andrew, James and John. Jesus said to them, "Come follow Me. From now on I want you to fish for men."

Jesus meant that He wanted them to be His helpers.

Cuéntalo a Otros

Jesús quiere que le cuentes a otros lo que tú sabes de él.

Lucas 5:1-11

Ahora tú eres un hijo de Dios. Hubo un tiempo que tú no pertenecías a él. Tu mente estaba en guerra con él. Tus pensamientos y tus hechos eran malos. Pero Cristo te ha traído a Dios por su muerte en la cruz. Ahora tienes vida que nunca terminará. Estas son buenas nuevas que puedes compartir con otros.

Un día muy brillante Jesús iba caminando por la playa y hablando a la gente. La gente empujaba tratando de acercarse a él. Jesús se subió al bote de Pedro y le pidió que se alejara un poquito de la playa. Jesús les habló desde el bote.

Cuando Jesús terminó de hablar, le dijo a Pedro: "navega más adentro del mar, y echen sus redes para pescar."

Pedro le dijo: "Maestro, pescamos toda la noche y no pescamos nada, pero haré como tú dices."

¡Qué sorpresa se llevaron! Las redes estaban tan llenas de peces que la barca casi se hundía. Pedro tuvo que llamar a otros para que les ayudaran. Los hombres que les ayudaron fueron Andrés, Jacobo y Juan. Jesús les dijo: "Vengan síganme. Desde ahora en adelante quiero que sean pescadores de hombres."

He wanted them to tell many people the good news about God's love.

Jesus wants you to be His helper. You can talk to your friends, your family, your neighbors. You can spread the Good News near and far. When people hear the truth they can choose to go to heaven, too. Jesus wants us to bring others to heaven with us.

Jesus said, "You are to go to all the world and preach the Good News to every person. Teach them to do all the things I have told you. And I am with you always, even to the end of the world."

Will you tell others what you know about Jesus and God's good plan? Will you tell others what God has done for you?

Jesús quiso decir con eso que ellos serían sus ayudantes. Él quería que le contaran a mucha gente las buenas nuevas acerca del amor de Dios.

Jesús quiere que tú seas su ayudante. Puedes hablar con tus amigos, tu familia y tus vecinos. Puedes difundir las buenas nuevas cerca y lejos. Cuando la gente oiga la verdad, ellos podrán escoger ir al cielo también. Jesús quiere que llevemos a otros al cielo con nosotros.

Jesús dijo: "Vayan por todo el mundo y prediquen el evangelio a toda persona. Enséñenles todas las cosas que les he mandado. Y yo estoy con ustedes siempre, hasta el fin del mundo."

¿Contarás a otros lo que sabes acerca de Jesús y el buen plan de Dios? ¿Contarás a otros lo que Dios ha hecho por ti?

Glossary

Angel: 1. A messenger of God. 2. A supernatural being, either good or bad.
Camp: A living place used for a short time.
Donkey: A horse-like animal with large ears.
Idol: An object to worship, a god.
Lamb: A young sheep.
Loaves: Bread baked in one piece.
Nail: A thin, round piece of metal used to hold things in place.
Net: Loosely knotted or woven string often used to catch fish or birds.
Pole: A long thin piece, usually of rounded wood.
Rainbow: A circle of color in the sky caused by light shining through rain or fog.
Respect: To feel or show honor.
Robber: A person who steals by using or threatening force.
Selfish: Too much concern for one's own things and little or no concern for others.
Sheep: A farm animal raised for its hair and meat.
Shepherd: A person who takes care of sheep.
Sword: A large sharp knife for fighting.
Thorn: A very hard part of a tree with a sharp point.
Thunder: The sound that follows a flash of lightning.

Glosario

Ángel: 1. Un mensajero de Dios. 2. Un ser sobrenatural, ya sea bueno o malo.
Campamento: Lugar de habitación provisional que se usa por un corto tiempo.
Asno: Animal parecido al caballo, y de orejas largas.
Ídolo: Un objeto de adoración, un dios.
Cordero: Cría de la oveja que no pasa de un año.
Torta de pan: Pan horneado en un molde.
Clavo: Pieza delgada de hierro con cabeza y punta que se utiliza para asegurar cosas.
Red: Malla de hilo o nylon que se usa para cazar o pescar.
Asta: Un palo largo y redondo. Palo de la bandera.
Arco iris: Un arco de colores que se forma en el cielo causado por la luz del sol brillando a través de las nubes y las gotas de agua de la lluvia.
Respeto: Sentir o mostrar honor a alguien.
Ladrón: Una persona que roba, a veces usando fuerza.
Egoísta: Mucho amor por las cosas personales, y poco, o no interés, por otros.
Oveja: Hembra del carnero. Animal domesticado que se cría por su carne y su lana.
Pastor: Persona que cuida ovejas.
Espada: Arma plana y recta de punta y filo, para pelear.
Espina: Púa que tienen algunas plantas.
Trueno: Ruido fuerte que acompaña al relámpago.